Bibliografische Information der Deutschen Nationalbibliothek:

Die Deutsche Bibliothek verzeichnet diese Publikation in der Deutschen National-
bibliografie; detaillierte bibliografische Daten sind im Internet über http://dnb.d-
nb.de/ abrufbar.

Impressum:

Copyright © 2009 GRIN Verlag, Open Publishing GmbH
Druck und Bindung: Books on Demand GmbH, Norderstedt Germany
ISBN: 9783640544493

Dieses Buch bei GRIN:

http://www.grin.com/de/e-book/143515/business-intelligence-portfollios

Roman Schäfer

Business Intelligence Portfollios

Begriffsklärung, BI-Stufen, BI-Managementmodell, Darstellung des BI-Portfolios

GRIN Verlag

GRIN - Your knowledge has value

Der GRIN Verlag publiziert seit 1998 wissenschaftliche Arbeiten von Studenten, Hochschullehrern und anderen Akademikern als eBook und gedrucktes Buch. Die Verlagswebsite www.grin.com ist die ideale Plattform zur Veröffentlichung von Hausarbeiten, Abschlussarbeiten, wissenschaftlichen Aufsätzen, Dissertationen und Fachbüchern.

Besuchen Sie uns im Internet:

http://www.grin.com/

http://www.facebook.com/grincom

http://www.twitter.com/grin_com

Lehrstuhl für Wirtschaftsinformatik Universität Siegen

Seminararbeit in Wirtschaftsinformatik

Thema:

BI - Portfolios

Name: Roman Schäfer
Datum: 2009-10-05
Ort: Universität Siegen

Gliederung

1   *Einleitung* *3*

2   *Business Intelligence* *3*

     2.1   Historischer Hintergrund 3

     2.2   Begriffsklärung 5

     2.3   BI-Stufen 5

3   *BI-Portfolio* *7*

     3.1   Zielsetzungen der BI-Portfolio-Betrachtung 7

     3.2   BI - Managementmodell 8

     3.3   Das BCG - Portfolio 11

     3.4   Bestimmung und Bewertung der relevanten Kriterien 13

     3.5   Darstellung des BI-Portfolios 15

     3.6   Herleiten von Maßnahmen 17

4   *Fazit und Ausblick* *19*

5   *Literaturverzeichnis* *20*

Abbildungsverzeichnis

Abb. 1: BI-Stufen nach Gluchowski

Abb. 2: BI-Managementmodell

Abb. 3: Die BCG-Matrix

Abb. 4: Datenerfassung durch das BI-Management

Abb. 5: Entscheidungstätigkeiten im BI-Portfolio

Abb. 6: Handlungsmuster aus dem BI-Portfolio

1 Einleitung

In der vorliegenden Arbeit wird das Thema BI-Portfolios behandelt, das heutzutage an großer Bedeutung gewinnt. Die Bestrebungen, BI-Portfolio (BI = Business Intelligence) in die Unternehmensstruktur zu integrieren, werden zu einem der zentralen Ziele von Unternehmen. BI-Portfolios sollen nämlich der Führungsebene verhelfen, die Führungsaufgaben präzise auszuführen. Die ständig ansteigende Anzahl an verschiedenen managementunterstützenden Systemen treibt viele Unternehmen dazu, die angewendeten Systeme zu optimieren. Die Verwendung der BI-Portfolios bietet die Möglichkeit an, dieses Ziel zu erreichen.

Mit dieser Seminararbeit wird die Absicht verfolgt, das BI-Portfolio-Konzept im Allgemeinen zu untersuchen. Zunächst erscheint es wichtig zu erläutern, was unter dem *Business Intelligence* genau zu verstehen ist. Da die Entstehung des genannten Begriffes aus mehreren Vorgängern der BI-Systeme resultiert, werden im Kapitel 2 der historische Hintergrund, die Entstehung und einige Vorgänger der BI-Systeme dargestellt. Anschließend wird ein die Fragestellung dieser Arbeit abdeckender BI-Begriff präsentiert, wobei es noch zwischen einigen BI-Stufen unterschieden wird.

Im Kapitel 3 wird das BI-Portfolio betrachtet. Um zur Analyse eines BI-Portfolios zu gelangen, ist es sinnvoll, einige Arbeitsschritte durchzugehen. Zunächst wird die Zielsetzung der BI-Portfolio-Betrachtung verdeutlicht. Dann wird ein BI-Managementmodell dargestellt, wobei hier auch auf einige Besonderheiten der Einordnung des Bi-Managements im Unternehmen hingewiesen wird. Im Weiteren wird das BCG-Portfolio präsentiert. Es erweist sich als ein gutes Instrument, um die relevanten Handlungsmuster zu erarbeiten. Im Folgenden werden für die Portfolio-Analyse relevanten Kriterien bestimmt und bewertet. Anschließend erfolgen eine grafische Darstellung des Portfolios und das Herleiten der daraus resultierenden Maßnahmen.

Zum Schluss werden die Ergebnisse zusammengefasst und ein kurzer Ausblick gewagt.

2 Business Intelligence

2.1 Historischer Hintergrund

Die IT-basierte Managementunterstützung geht mit ihren Wurzeln in die 60er Jahre des letzten Jahrhunderts hinein. Schon damals wurden Versuche unternommen, durch den Einsatz der IT-basierten Systeme die Führungskräfte zu unterstützen. In dieser Zeit beginnt die

Entwicklung der elektronikgestützten Datenverarbeitung des MIS (Managementinformationssystems). [Ler08] Hiermit wurde die Absicht verfolgt, das Standardberichtswesen zu automatisieren. Dieses Vorhaben sollte die Handhabung der Daten in Planungs- und Kontrollprozessen gewährleisten. Es scheiterte jedoch, da die Hard- und Software der damaligen Zeit nur sehr begrenzte Möglichkeiten der Datenverarbeitung besaßen. Als Ergebnis bekam der Endanwender eine große Menge Computerausdrucke, woraus er mit großer Mühe die relevanten Daten aussuchen musste. [ChaGlu06]

In den nächsten Jahren wurden benutzergruppenspezifische und aufgabenorientierte Systeme entwickelt. Diese Systeme sollten die Versorgung des Managements mit Daten und Informationen gewährleisten. So entstanden in den 70er Jahren die Decision-Support-Systeme (DSS). Hiermit wurde zum Ziel gesetzt, die MIS-Schwachstellen zu bewältigen. Aufgrund der Tatsache, dass diese Ansätze auf den Lösungen basierten, die nicht in unternehmensweite Landschaft integriert waren, führten die Analysenergebnisse zu häufigen Widersprüchen zwischen den Abteilungen. [Hies08]

In den 80er Jahren fand eine Zusammenfassung der Einzelsysteme unter einem MSS-Begriff (Management-Support-Systems) statt. Ins Deutsche wird dieser Begriff als Managementunterstützungssysteme (MUS) übersetzt. Zu dieser Zeit wurde deutlich, dass die Unterstützung des Managements durch das Gesamtvolumen an Informations- und Kommunikationstechnologie (IKT) nötig sei. [KeMeUn04] In diesen Jahren wurde noch ein weiterer Begriff eingeführt. Es handelte sich um EIS (Executive-Information-Systeme). Da die Listen und Tabellen keine entsprechende Managementunterstützung angeboten haben, wurden neuartige Präsentations- und Zugriffsmöglichkeiten angewendet. Zum Beispiel „Drill-Downs [...], die auf Knopfdruck die disaggregierten Informationen anzeigten." [Hies08] Das EIS-Konzept war für das Management noch zu starr und konnte das nötige Maß an Flexibilität nicht leisten.

Im Allgemeinen lässt sich an dieser Stelle festhalten, dass alle bis hier vorgestellten Konzepte (Systeme) nicht die gewünschte Management- und Entscheidungsunterstützung gewährleisten konnten.

Über das genaue Datum der Entstehung des BI-Begriffes wird bis heute noch gestritten. Die Gartner Group gilt nach der Meinung einer Reihe Spezialisten, die in diesem Bereich tätig sind, als die Erfinderin dieses Begriffs. Im Jahre 1996 wird der BI-Begriff von der Gartner Group definiert und in einer Veröffentlichung dargestellt. [Ler08]

2.2 Begriffsklärung

Die Abgrenzung zwischen den einzelnen Begriffen ist schwierig vorzunehmen, weil die Termini zum Teil als Synonyme verwendet werden. Der MIS-Begriff wird oft zusammen mit dem EIS-Begriff verwendet. Man unterscheidet hier lediglich zwischen den Managementebenen in hierarchischer Betrachtung. So wird der MIS-Begriff im Zusammenhang mit der unteren und der mittleren Managementstufe verwendet. Der EIS-Begriff wird der obersten Managementstufe adressiert. Im Allgemeinen lässt sich festhalten, dass die analyseorientierten Informationssysteme zur Managementunterstützung in letzter Zeit eine breite Anerkennung in der Öffentlichkeit genießen.

Die Begriffe MIS, DSS, EIS werden noch heute, vor allem in den wissenschaftlichen Kreisen, verwendet. In der betrieblichen Praxis hat sich der BI-Begriff etabliert. Es erweist sich als sehr schwierig, eine allgemeingültige Definition des BI-Begriffes anzuführen, weil dieser in der einschlägigen Literatur immer unterschiedlich ausgelegt wird. So wurden bei einer Untersuchung sieben gängige BI-Abgrenzungen identifiziert:

> „1. BI als Fortsetzung der Daten- und Informationsverarbeitung: IV für
> die Unternehmensleitung
> 2. BI als Filter in der Informationsflut: Informationslogistik
> 3. BI = MIS, aber besonders schnelle/flexible Auswertungen
> 4. BI als Frühwarnsystem
> 5. BI = Data Warehouse
> 6. BI als Informations- und Wissensspeicherung
> 7. BI als Prozess: Symptomerhebung → Diagnose → Therapie → Prognose →
> Therapiekontrolle". [KeMeUn04]

Demzufolge hängt die Klärung der BI-Definition stark von den verwendeten Systemen ab. Es bietet sich an, den BI-Begriff sehr verallgemeinert folgendermaßen zu definieren:

> „[**Business Intelligence**] umfasst...eine Vielzahl unterschiedlicher Werkzeuge bzw. Systeme,
> die das Management bei der Planung, Steuerung und Kontrolle unterstützen". [Samt07]

2.3 BI-Stufen

Um das BI-Verständnis zu vertiefen, erscheint an dieser Stelle sinnvoll, die einzelnen BI-Werkzeuge aufzulisten und in einer Grafik darzustellen. Besonders gut eignet sich dafür das zweidimensionale Ordnungssystem von GLUCHOWSKI (vgl. Abb. 1). Im Folgenden werden für „BI-Werkzeuge" die Termini BI-Anwendungen und BI-Systeme synonym verwendet.

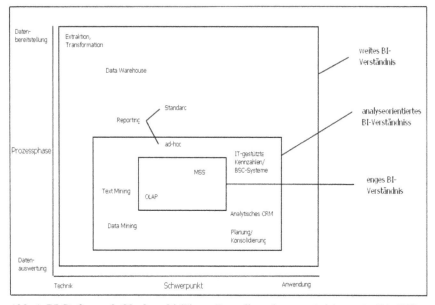

Abb. 1: BI-Stufen nach Gluchowski (Eigene Darstellung, in enger Anlehnung an [Lind08])

Auf der horizontalen Achse wird der Schwerpunkt zwischen Technik- und Anwendungsorientierung aufgetragen. Die vertikale Achse stellt die Phasen des analytischen Datenverarbeitungsprozesses von der Bereitstellung bis zur Anwendung dar. Somit ist es möglich, alle aus dem IT-Systembereich stammenden Begriffe in diesem Ordnungssystem auszurichten. Es wird zwischen drei gängigen Typen von Definitionen unterschieden.

Enges BI-Verständnis

Das System „Business Intelligence" im engeren Sinne stellt die Kernanwendungen dar, die der Unterstützung der unmittelbaren Entscheidungsfindung dienen. Es handelt sich hier vor allem um OLAP (Online Analytical Processing) und um bereits bekannte Systeme, die das Management unterstützen sollen (MIS/EIS/MSS). OLAP stellt eine Software-Technologie dar, die dem Management interaktive und vielfältige Zugriffe auf relevante Informationen ermöglicht. [Hies08], [ChaGlu06] Die Analyse des vorhandenen Materials richtet sich dabei schwerpunktmäßig auf Modell- und Methodenbasis.

6

Analyseorientiertes BI-Verständnis

Im Rahmen des analysenorientierten BI-Verständnisses wird das enge BI-Verständnis um solche Anwendungen erweitert, bei denen der Entscheider unmittelbar und direkt auf das System bzw. auf eine Benutzungsoberfläche mit interaktiven Funktionen zugreifen kann. Dazu gehören neben den bereits erwähnten Systemen solche wie Text und Data Mining, Adhoc Reporting, Balanced Scorecard, analytisches Customer Relationship Management und Systeme, die Planung und Konsolidierung unterstützen.

Im Bezug auf die Aufgabenstellung dieser Arbeit ist das Definieren der Begriffe der einzelnen BI-Werkzeuge nicht zwingend nötig. Im Allgemeinen kann aber gesagt werden, dass diese BI-Werkzeuge die Führungsaufgabe des Managements unterstützen sollen. So handelt es sich beispielsweise bei Data Mining um spezifische Algorithmen, die angewendet werden, um Muster aus Daten zu extrahieren. [Hies08]

Weites BI-Verständnis

Zum weiten BI-Verständnis zählen alle Anwendungen, die das Management unterstützen und dem Management helfen, relevante betriebswirtschaftliche Mechanismen besser zu nutzen. Hierbei kann es sich um solche Anwendungen handeln, die direkt oder aber auch indirekt eine Entscheidungsunterstützung leisten. Es sind die Anwendungen, die erstens operatives Datenmaterial zur Informations- und Wissensgenerierung aufbereiten und speichern. Zum Zweiten stellen sie dieses Material zur anschließenden Anwendung und Präsentation bereit. [Lind08] Hier sind vor allem die Data Warehouse-Systeme vorzustellen.

Data Warehouse gewährleistet die Unterstützung der Integration der Datenbestände aus unterschiedlichen Quellen und ermöglicht deren flexible und interaktive Analyse. [Hies08]

3 BI-Portfolio

3.1 Zielsetzungen der BI-Portfolio-Betrachtung

Im vorangehenden Kapitel wurden bereits einige Schwierigkeiten präsentiert, die vordergründig aus der Abgrenzung der BI-Vorgängersysteme resultieren. Wie oben erläutert, ist das BI-Verständnis weiterhin stark von den eingesetzten Werkzeugen (Systemen) und deren Zusammensetzung als Bündel abhängig. In der Theorie besteht keinen Mangel an Lösungen für die Unterstützung des Managements durch die Informationssysteme. Die Versuche, diese Lösungen in die Praxis umzusetzen, sind jedoch kritisch zu betrachten. Es fehlen geeignete Organisationsmodelle, die die technischen und organisatorischen

7

Schwierigkeiten der zentralisierten BI-Systeme überwinden und eine tatsächliche Unterstützung des Managements leisten. [Ben08] Solche Anwendungen wie OLAP, ETL, Data Warehouse, Text und Data Mining etc. werden heutzutage bei vielen vorrangig großen und mittleren aber auch bei kleinen Unternehmen benutzt. Es werden aber oft zu viele Systeme eingesetzt als es für ein Unternehmen nötig ist. Dazu kommt noch häufig paralleler Vertrieb zentraler und dezentraler Informationssysteme, was in der Regel zu Überschneidungen führt. [Ben08] Das größte Problem besteht aber darin, die genau benötigte Anzahl und den genauen Umfang des Einsatzes dieser Systeme zu ermitteln, d.h. also die einzelne BI-Werkzeuge in Bündel zu fassen, die am effektivsten und effizientesten die Unterstützung des Managements leisten. Die Lösung dieses Problems wird hier als eine Herausforderung gesehen und ist außerordentlich wichtig, weil damit schließlich die Kosten verbunden sind, die zur Wettbewerbsfähigkeit sowie auch zum Erfolg eines Unternehmens beitragen. Die Abgrenzung der Systeme, die ein Unternehmen braucht, ist demnach so präzise wie ein Maßschneiden zu erfolgen, damit das höchste an Effizienz und Effektivität des Einsatzes dieser Systeme erreicht wird.

An dieser Stelle stellt sich die Frage, wie dieses Vorhaben in einem Unternehmen umgesetzt werden kann. Dazu wird im Weiteren ein BI-Managementmodell dargestellt. In der einschlägigen Portfolio-Literatur werden gewöhnlich zuerst die Konzepte (Portfolios) entwickelt und anschließend ein Managementmodell dargestellt, das deren Umsetzung durchführt. Da aber das BI-Management die Daten- und Entscheidungstätigkeitserfassung als eine der Aufgaben hat, ist es an dieser Stelle wichtig, vorerst das BI-Managementmodell vorzustellen. Dies wird im Folgenden nützlich sein.

3.2 BI - Managementmodell

Das BI-Management wird hier als ein eigenständiges Managementfeld betrachtet. Die folgende Abbildung (Abb.2) veranschaulicht, dass BI-Management auf eine Ebene mit anderen Managementfeldern gesetzt wird.

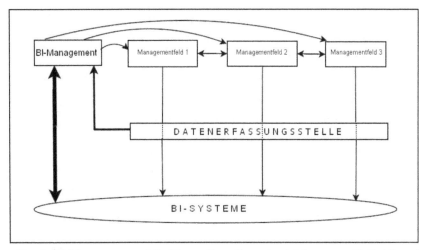

Abb. 2: BI-Managementmodell (Eigene Darstellung, in Anlehnung an [BaBa04] und [Ben08])

Es können zum Beispiel Entwicklungs-, Betriebs-, und Beschaffungsmanagement sein. [BaBa04] Die Gleichsetzung des BI-Managements mit anderen Managementfeldern (im hierarchischen Sinne) erfolgt aus folgender Überlegung. Wenn das BI-Management untergeordnet wird, können zwei zentrale Schwierigkeiten entstehen. Erstens wird das BI-Management, als eine untergeordnete Abteilung, nur beschränkte Möglichkeiten haben, effektive und effiziente BI-Konzepte umsetzen bzw. in das Unternehmensumfeld integrieren zu können. Zweitens muss dann die Datenerfassung und Konzeptverbesserungen im Prinzip gleichzeitig erfolgen. Bei einem Zugriff der oberen Managementfelder auf BI-Systeme muss das BI-Management die beste Alternative aussuchen oder auf bereits existierende Konzepte zugreifen, was die Verzögerungen und Überschneidungen in sich birgt.

Wenn das BI-Management aber hingegen übergeordnet wird, das heißt wenn es über den einzelnen Managementfeldern steht, kann durch die zentrale Lenkung der Wettbewerbsfaden verloren gehen. Die einzelnen unterordneten Managementfelder können, aufgrund der eingeschränkten Handlungsfreiheit, die Wettbewerbsvorteile verlieren. [Sch05]

Nur die Gleichsetzung des BI-Managements mit den anderen Managementfeldern ermöglicht eine erfolgreiche Managementunterstützung durch die BI-Systeme. Das BI-Management kann somit, ohne die anderen Managementfelder zu stören, benötigte Daten durch eine eingerichtete Datenerfassungsstelle zu jeder Zeit erfassen. Auf der Basis der Analyse dieser Daten können die Veränderungen zur BI-Systemverbesserungen vorgenommen werden.

Solche Veränderungen können in Form einer Anweisung erfolgen. In diesem Model finden sich ständige Absprachen und Kommunikationen zwischen allen Managementfeldern statt. Dies wird in der Abbildung (vgl. Abb. 2) durch die Pfeile dargestellt. Dieses Model erlaubt dem BI-Management mit anderen Managementfeldern auf gleicher Ebene zu verhandeln. Bei dieser Ausrichtung des Betriebes mit BI-Management als Linienposition können auch einige Schwierigkeiten entstehen. Zum Beispiel wenn die BI-Abteilung von anderen Managementfeldern als Konkurrent empfunden wird. [Bach04] Ob so eine Konkurrenz immer als etwas Negatives empfunden werden soll, ist zumindest fraglich. Die besten wirtschaftlichen Lösungen entstehen sehr oft unter starken Wettbewerbsbedingungen. Die Konkurrenz kann hier sogar als ein Innovationstreiber angesehen werden. Damit solch eine Konkurrenz sich nicht negativ entfaltet, muss die Betriebsleitung die Unternehmensstruktur effektiv gestalten.

Ferner ist die Wichtigkeit der Integration des BI-Managements in das Unternehmensumfeld zu betonen. Für diesen Prozess ist die Neueinführung einer Managementsparte nicht zwingend. Das BI-Management kann auch erfolgreich in die bereits bestehende Controlling- oder IT-Controlling- Abteilung integriert werden. Ausführlichere Behandlung dieses Themas würde die Rahmen dieser Arbeit sprengen. An dieser Stelle sei lediglich festzuhalten, dass durch solch eine Integration Kosten gespart werden können. Somit muss nicht eine neue Managementsparte von Null an aufgebaut werden. Das BI-Management kann durch solche Integration auch auf bereits vorhandene IT-Konzepte zugreifen, was wiederum Zeit- und Kosteneinsparungen mit sich bringt.

Durch die Einführung des BI-Managementfeldes entsteht die Möglichkeit, relevante Informationen für das Unternehmen zu identifizieren und die wichtigsten Daten in übersichtlicher Form darzustellen. Es heißt natürlich nicht, dass solche Datenerfassung in einem Unternehmen etwas ganz Neues darstellt. Der eigentliche Unterschied besteht darin, dass diese Aufgabe oft durch individuelle auf unterschiedlichen Datenquellen und Ermittlungsmethoden basierende Anwendungen von einzelnen Abteilungen durchgeführt wurde. Aus diesem Grund waren auch die Ergebnisse oft unterschiedlich. Ein unternehmensweites BI-Management soll diese Probleme beheben und auf gemeinsamen und einheitlichen Analysen stützend, die erforderlichen Informationen schnell und effizient abrufen und aufbereiten können. [Schel06]

Anschließend ist noch ein weiteres Argument für die Einführung des BI-Managements zu erwähnen. Die IT-Branche weist hohen Wachstums- und Entwicklungspotential auf.

Derjenige, der von der Konkurrenz nicht überholt werden möchte, muss entsprechend schnell und effektiv reagieren können.

Nachdem das BI-Managementmodell ausführlich beschrieben und dargestellt wurde, kann im Folgenden auf das BI-Portfolio näher eingegangen werden.

Durch die Betrachtung des BI-Portfolios kann ein Unternehmen als ein Tätigkeitsbündel erfasst werden, sodass sie eine Bewertung des Ist-Zustandes nach problemspezifischen Kriterien ermöglicht. [Ben08] Somit zeigt ein BI-Portfolio verschiedene Wege zur Unterstützung der strategischen Unternehmensführung auf. Als Ziel einer Portfolio-Betrachtung aus der Sicht des gesamten Unternehmens ist die Kombination der strategischen Geschäftseinheiten festzustellen, die die Unternehmensziele auf hohem Niveau erfüllen. [Lind08] Im Folgenden wird das Portfolio der Boston Consulting Group (BCG) vorgestellt. Auf dieser Grundlage wird das BI-Portfolio von BENSBERG betrachtet. Vorerst wird die Bestimmung und Bewertung der relevanten Kriterien vorgenommen.

3.3 Das BCG - Portfolio

Das Vier-Felder-Portfolio wurde von dem amerikanischen Beratungsunternehmen Boston Consulting Group entwickelt. Die BCG-Portfolio-Analyse kann sich wie auf das Gesamtunternehmen sowie auch auf einzelne Unternehmensbereiche beziehen. [KrLöh02] Das BCG-Portfolio ist in folgender Abbildung (Abb. 3) dargestellt und wird im Folgenden näher betrachtet.

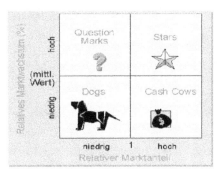

Abb.3: Die BCG-Matrix (Entnommen aus: www.content.grin.combinarywi241057847.gif)

Die einzelnen Produkte eines Unternehmens können mit Bezug auf ihr Marktwachstum und ihren relativen Marktanteil in dem BCG-Portfolio abgetragen werden. Jedes Feld des BCG-Portfolios symbolisiert eine bestimmte Strategieausrichtung und ermöglicht, daraus entsprechende Handlungsempfehlungen abzuleiten. [Blum01]

Question Marks

Das Fragezeichen steht für schnellwachsende Produkte, in die jedoch zur Weiterentwicklung viel investiert werden muss. Hier soll die Entscheidung getroffen werden, ob in diese Produkte weiter investiert und die Entwicklung zum „Star" verfolgt werden soll. Oder ob es lohnenswert wäre, aus diesem Geschäftsfeld auszusteigen, da ein Verbleiben hier nicht ratsam sei. Als Strategie kann hier ein selektives Vorgehen, d.h. die systematische Auswahl der besten Alternative, empfohlen werden.

Stars

„Sterne" sind solche Produkte, die die Marktführerschaft besitzen, weil sie ein durchschnittlich hohes Marktwachstum und einen hohen relativen Marktanteil haben. Das weitere Wachstum und das Aufrechterhalten dieser Position sind aber mit hohen Investitionen verbunden. Da dadurch auch hohe Erträge erwirtschaftet werden, ist man hier viel besser im Vergleich zu „Question Marks" dargestellt. Als Strategie empfiehlt sich, in die „Stars" zu investieren und sie zu fördern.

Cash Cows

Die Milchkühe von heute sind die „Stars" von gestern bei einem nachlassenden Marktwachstum. Die Milchkühe verfügen über ein hohes Marktwachstum und benötigen keinen hohen Finanzbedarf. Sie müssen nur „gemolken" werden. Daher soll unter solchen Umständen das Aufrechterhalten dieser Position angestrebt werden.

Poor Dogs

Arme Hunde sind solche Produkte, die einen niedrigen Marktwachstum und niedrigen Marktanteil aufweisen. Als Strategie ist zu empfehlen, bei negativen Erträgen (Verlusten), diese Produkte zu liquidieren und die Produktions- und Finanzkapazitäten für „Stars" oder „Question Marks" zur Verfügung zu stellen.

Das BCG-Portfolio-Modell ist ein vielseitiges Konzept, das man auf verschiedene Gebiete übertragen kann. Damit kann man sowohl einzelne Produkte (Systeme, Anwendungen, Werkzeuge), so aber auch diese als kriterienspezifischen Bündel betrachten.

3.4 Bestimmung und Bewertung der relevanten Kriterien

Da die vorliegende Arbeit sich mit dem BI-Umfeld im Unternehmen befasst, ist im nächsten Schritt auf die Ermittlung der relevanten Kriterien in Bezug auf ihre Unterstützung für das Management, einzugehen. Um die relevanten Kriterien zu bestimmen, können verschiedene Datengewinnungsmethoden eingesetzt werden. An dieser Stelle wird das bereits oben dargestellte BI-Managementmodell betrachtet. Dazu wird dieses Modell um einige Komponenten erweitert und in der Abbildung 4 dargestellt.

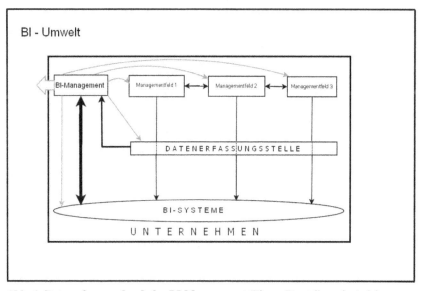

Abb. 4: Datenerfassung durch das BI-Management (Eigene Darstellung, in Anlehnung an [BaBa04] und [Ben08])

Im Allgemeinen lässt sich festhalten, dass je mehr Kriterien untersucht werden, desto besser das Portfolio gesteuert werden kann. Durch die Vielzahl wird aber die Handhabbarkeit des Models erschwert. Die Faktoren, die in einem Portfolio betrachtet werden, müssen voneinander unabhängig sein. Je mehr Faktoren jedoch betrachtet werden, desto größer ist das

Risiko der Faktorenabhängigkeit. [Lind08] Bei der Ermittlung der Entscheidungstätigkeiten soll berücksichtigt werden, dass diese zur Erreichung betrieblicher Ziele ihren Beitrag leisten und auch zukunftsrelevant sind. [Ben08] Für die Bestimmung der relevanten Kriterien kann das BI-Management auf die eingeführte Datenerfassungsstelle zugreifen. Die Datenerfassungsstelle ermöglicht, einzelne BI-Werkzeuge zu analysieren. Dabei kann zum Beispiel auch deren Effizienz und Effektivität durch Kommunikation mit anderen Managementfeldern ermittelt werden. Um die Maßnahmenableitung zu strukturieren, können gezielte Befragungen durchgeführt werden. Bei der Befragung müssen die Fragen so formuliert werden, dass man daraus zum Beispiel über Zukunfts- bzw. Zielrelevanz der angewendeten Systeme Schlüsse ziehen kann. Wie aus der Abbildung 4 zu sehen ist, darf sich das BI-Management nicht nur mit Mitteln der Entscheidungsfindung zufrieden geben, die aus dem Unternehmensumfeld stammen. Um die Zukunftsrelevanz dieser Mittel zu sichern, muss auch eine BI-Umweltanalyse durchgeführt werden, wobei es so viele wie möglich neue BI-Konzepte, -Lösungen, -Werkzeuge berücksichtigt werden sollen.

Nach der Ermittlung der Kriterien erfolgt im nächsten Schritt ihre Bewertung. Empfehlenswert ist eine Bewertung seitens der Personen, die sich mit dem gegebenen Projektbündel gut auskennt und notwendige Neutralität gewährleisten können. [HiKüWol06] Ein zentrales Konzept für die Bewertung der Informationssysteme, die die Arbeit der Unternehmensführung unterstützen sollen, stellt die Unterscheidung zwischen Effizienz und Effektivität betrieblicher Entscheidungsprozesse. [Vet95] Um Effizienzsteigerung zu erzielen, ist es nötig, dass die Entscheidungsprozesse schneller und mit dem Einsatz möglichst weniger Ressourcen ausgeführt werden. Dafür ist es aber nicht zwingend erforderlich, dass ein Zugriff auf neue Entscheidungsprozesse stattfindet. Die Effizienzsteigerung hat vor allem bei bereits bestehenden Prozessen zu erfolgen. Anders ausgedrückt, je mehr die in einem Unternehmen bereits bestehenden Konzepte angewendet werden und dadurch auch die Ziele (z.B. die Umsatzsteigerung) erfüllt werden, desto effizienter ist der Prozess. Allgemein lässt sich noch sagen, dass je mehr und je schneller die in einem Unternehmen vorhandenen Ressourcen zur Findung der bestmöglichen Entscheidungsunterstützung angewendet werden, desto effizienter dieser Prozess ist. Zur Effizienzbewertung der Entscheidungsunterstützung ist es notwendig, den BI-Anwendung-Abdeckungsgrad von Entscheidungstätigkeiten zu ermitteln. Dieser kann als Verhältnis zwischen den eingesetzten und sämtlichen Anwendungen erfasst werden. [Oet94]

Die Steigerung der Effektivität bedeutet vor allem, die Güte der Entscheidungsprozesse zu verbessern. Es lässt sich festhalten, dass je besser ein Entscheidungsprozess das Vorhaben und die Ziele der Führungsebene abdeckt, desto effektiver dieser Prozess wird. Die Bewertung der Effektivität ist „am subjektiv empfundenen Nutzen der Entscheidungsträger als Systemanwender" [Ben08] zu orientieren. Dazu sind die „Wertaussagen des Entscheidungsträgers als Urteilperson über die tätigkeitsspezifisch eingesetzten Informationssysteme zu erheben und in geeigneter Form" [Ben08] darzustellen.

3.5 Darstellung des BI-Portfolios

Somit wurde durch die Betrachtung des BCG-Portfolios sowie Bestimmung und Bewertung der Kriterien und über Effizienz- und Effektivitätsgrad, eine erforderliche Grundlage für die Darstellung des BI-Portfolios vorbereitet. Die Darstellung erfolgt im Weiteren durch die Übertragung der BCG-Portfolio-Denkweise auf das BI-Umfeld. Zur grafischen Darstellung wird auf die vertikale Achse die Effizienz bzw. der BI-Abdeckungsgrad der Portfolio-Objekte aufgetragen. Auf der horizontalen Achse wird die Nutzerzufriedenheit bzw. das Effektivitätsniveau der Portfolio-Objekte dargestellt. Die nächste Abbildung (Abb. 5) ermöglicht, die Entscheidungstätigkeiten in einem beschreibenden Charakter zu betrachten.

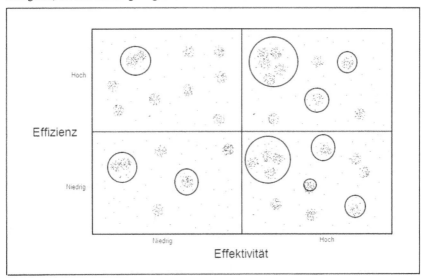

Abb. 5: Entscheidungstätigkeiten im BI-Portfolio (Eigene Darstellung, in Anlehnung an [Ben08])

15

Die einzelnen Entscheidungstätigkeiten werden in zweidimensionaler Matrix durch BI-Werkzeugbündel dargestellt, wobei die einzelnen BI-Werkzeuge sich gleichzeitig in allen vier Feldern der Matrix befinden können. Ihre konkrete Lage hängt stark davon ab, wie die einzelnen BI-Werkzeuge zu der konkreten Entscheidungsunterstützung Hilfe leisten können. Somit ist es möglich, aus der angeführten Darstellung den Ist-Zustand der einzelnen Entscheidungstätigkeiten im Bezug auf die gewählten Dimensionen abzuleiten. Die einzelnen Entscheidungstätigkeiten sind in der Darstellung durch Kreise repräsentiert. Die Entscheidungstätigkeiten werden durch die Kreisfläche und Kreisfarbe unterschieden. Diejenigen, die in einem definierten Zeitraum häufiger ausgeführt werden, können durch eine größere Kreisfläche dargestellt werden. Diejenigen aber, die am größten zur Erreichung betrieblicher Ziele beitragen, können durch die dunkelste Farbe repräsentiert werden. [Ben08] Bei dieser Abbildung (Abb. 5) wird nur die Kreisfläche berücksichtigt. Der Mittelpunkt des Kreises stellt die durchschnittliche Effizienz bzw. Effektivität einer Entscheidungstätigkeit dar. [Hies08]

Die Erstellung eines BI-Portfolios ermöglicht dem BI-Management, solche Entscheidungstätigkeiten zu identifizieren, die am häufigsten ausgeführt werden und am meisten zur Erreichung betrieblicher Ziele dienen. Durch diese Identifikation können Schwachstellen beseitigt werden und das Unternehmen besser zukunftsorientiert ausgerichtet werden.

Zur Darstellung eines BI-Portfolios lässt sich noch sagen, dass einem Unternehmen viele Entscheidungstätigkeiten zur Verfügung stehen. Die Entscheidungsunterstützung basiert auf den einzelnen oder gebündelten BI-Anwendungen. Aus der BCG-Portfolio-Theorie ist bekannt, dass nur eine kleine Anzahl an BI-Systemen Beitrag zur Steigerung der Effektivität und der Effizienz eines Betriebs leistet. Ein relativ großer Teil an BI-Systemen wird nicht nur nicht benutzt, sondern stellt eine dauernde Belastung für ein Unternehmen dar. Das sind sogenannte Cash-Fallen. [Oet94] Es handelt sich hier zum Beispiel um Systeme oder um einzelne Programme, die nicht benutzt werden, dafür aber das Lizenzgeld etc. entrichtet werden muss. [GulWehr09] Mit dem BI-Portfolio kann auch die Aufgabe des BI-Managements verbunden werden. Es müssen also solche Entscheidungstätigkeiten zu priorisieren sein, die am besten Managementunterstützung in Hinsicht auf die Effizienz und Effektivität leisten. Die Entscheidungstätigkeiten sind hier als die gebündelten BI-Systeme zu verstehen.

3.6 Herleiten von Maßnahmen

Vor dem Herleiten der Maßnahmen aus dem BI-Portfolio, soll erwähnt werden, dass es keine einheitlichen Normstrategien gibt, die automatisch eine richtige Handlungsrichtung zeigen. Es ist eher davon auszugehen, dass die erforderliche Strategie durch kein Instrument und keine Entwicklung garantiert werden kann. Man sei auch davor gewarnt, dieses Konzept zu missverstehen, denn bei einer falschen Anwendung kann dieses nicht nur in die Irre führen sondern auch zu der Zwangsjacke werden. [Oet94] Ein Portfolio-Konzept stellt somit nur eine wichtige Hilfe zum strategischen Denkprozess dar und ist eher als ein Leitpfaden zum Handeln sowie als eine Zusammenfassung des Denkmodels zu betrachten.

Um Handlungsanweisungen aus dem BI-Portfolio-Konzept herzuleiten, muss an dieser Stelle noch einmal die Zielsetzung verdeutlicht werden. Das Ziel besteht in der Identifikation solcher Entscheidungstätigkeiten, die durch effektive und effiziente BI-Anwendungen repräsentiert sind. Dazu müssen einerseits effektive und effiziente Entscheidungstätigkeiten noch zukunftssicher sein. Andererseits müssen diejenigen Entscheidungstätigkeiten, die Effektivitäts- und Effizienzmängel aufweisen, weiterentwickelt bzw. verbessert werden. [Ben08] Für die Ableitung von Normstrategien werden die Handlungsmuster in einer Erweiterung des BI-Portfolios grafisch dargestellt (vgl. Abb. 6).

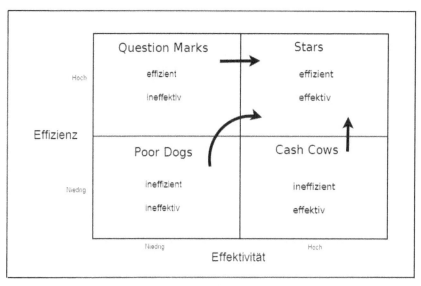

Abb. 6: Handlungsmuster aus dem BI-Portfolio (Eigene Darstellung, in Anlehnung an [Ben08])

Das Sternen-Feld ist hier als Idealfeld zu betrachten, weil nur hier gleichzeitig die effektiven und effizienten Entscheidungstätigkeiten zu finden sind. Mit den Pfeilen werden aus dem Portfolio-Konzept resultierende Handlungsmuster dargestellt. Ein Portfolio ist ein flexibles und sich weiterentwickelndes Konzept. Die einzelnen und die gebündelten BI-Werkzeuge (Entscheidungstätigkeiten) bewegen sich im Laufe der Zeit im Urzeigersinn durch die Portfolio-Matrix. Im Allgemeinen ist in einem Unternehmen die Bewegung zum Idealfeld anzustreben. Dazu können die im Weiteren dargestellten Maßnahmen hilfreich sein.

Für die Erstellung des BI-Portfolios ist auf Basis der gesammelten Daten zu überlegen, welche BI-Anwendungen zur Effizienz- und Effektivitätssteigerung der Entscheidungstätigkeiten führen können.

Question Marks (Fragezeichen)

Bei Entscheidungstätigkeiten, die durch effiziente, aber ineffektive BI-Anwendungen repräsentiert sind, ist zu prüfen, ob deren Effektivität durch eine Verbesserung der einzelnen BI-Werkzeuge möglich sei. Ist solch eine Verbesserung nicht möglich, so können andere BI-Anwendungen, die eine bessere Prozesseffektivität gewährleisten, herangezogen werden.

Stars (Sterne)

In diesem Feld der Matrix sind solche Entscheidungstätigkeiten repräsentiert, die am besten die Effizienz- und Effektivitätsanforderungen durch BI-Anwendungen abdecken. Die Aufgabe des BI-Managements ist, in diesem Fall solche Entscheidungstätigkeiten und einzelne BI-Werkzeuge zukunftsorientiert zu gestalten, also den erreichten Effizienz- und Effektivitätsgrad dieser Entscheidungstätigkeiten aufrechtzuerhalten. Dies kann zum Beispiel durch laufende Aktualisierungen an einzelnen BI-Systemen erfolgen.

Cash Cows (Milchkühe)

Hiermit sind solche Entscheidungstätigkeiten beschrieben, die früher das nötige Maß an Effizienz und Effektivität leisteten, jetzt jedoch stark an Effizienz verloren haben. Da aber diese Entscheidungstätigkeiten sich als sehr effektiv erwiesen haben, ist an dieser Stelle zu prüfen, ob einige ineffiziente BI-Anwendungen durch effiziente ersetzt werden können. Wenn ein Ersatz erfolgreich ist, besteht für diese Entscheidungstätigkeiten die Möglichkeit, wieder zu „Stars" aufzusteigen.

Poor Dogs (Arme Hunde)

Bei den Entscheidungstätigkeiten, die durch dieses Matrizenfeld repräsentiert sind, soll eine Effektivitäts- und Effizienzsteigerung erfolgen. Diese Aktionen sind jedoch nur mit großem Ressourceneinsatz durchführbar. Deswegen sind hier die einzelnen BI-Werkzeuge genau zu überprüfen. Stellen einige BI-Anwendungen sogenannte Cash-Fallen dar, sind diese zu liquidieren. Im Allgemeinen lässt sich behaupten, dass je weniger Entscheidungstätigkeiten sich in diesem Feld befinden, desto effektiver und effizienter die Führungsebene eines Unternehmens durch BI-Anwendungen unterstützt wird. Der gezielte Einsatz von Ressourcen ist dort zu erfolgen, wo die höchsten Effizienz- und Effektivitätssteigerungspotentiale zu erwarten sind.

4 Fazit und Ausblick

Mit der vorliegenden Arbeit wurde die Absicht verfolgt, ein Konzept darzustellen, das in „jedem" Unternehmen eingesetzt werden kann. Dieses Konzept des BI-Portfolios kann einerseits einem Unternehmen verhelfen, die betriebswirtschaftlichen Ziele durch die Identifikation der einzelnen BI-Systeme besser zu realisieren bzw. zu erreichen. Dazu werden durch eine Analyse die wichtigen BI-Systeme von weniger wichtigen getrennt. Andererseits ist die Betrachtung eines BI-Portfolios sehr nützlich, um durch die gezielte IT-Unterstützung des Managements zu effektivsten und effizientesten Entscheidungstätigkeiten zu gelangen. Um die Anwendungsmöglichkeiten dieses BI-Portfolios bei größtmöglichem Unternehmenskreis zu erzielen, wurde hier absichtlich auf eine grundlegende Spezialisierung der Betrachtung verzichtet und ein allgemeingültiges Konzept dargestellt. Die Bestimmung und die Bewertung der relevanten Kriterien können in einzelnen Unternehmen sehr unterschiedlich und spezifisch erfolgen.

Aus der durchgeführten Analyse kann man den Schluss ziehen, dass es noch zu wenige grundlegende BI-basierende Portfolio-Konzepte gibt, bzw. dass noch ein großer Forschungs- und noch größerer Anwendungsbedarf besteht. Aus diesem Grund erscheint als außerordentlich wichtig, die BI-Portfolio-Konzepte in die unternehmerische Tätigkeit zu integrieren, denn nur so können die wirklichen Schwierigkeiten identifiziert werden und wirkliche Lösungen gefunden werden, die allein in der Theorie nicht zu entdecken sind.

5 Literaturverzeichnis

[BaBa04]

Barth, Thomas/ Barth, Daniela: Controlling, ,München – Wien 2004, S. 45-75.

[Bach04]

Bachman, Peter: Controlling für die öffentliche Verwaltung, 1. Auflage, Wiesbaden 2004, S. 129-159.

[Ben08]

Bensberg, Frank: BI-Portfolioplanung – Handlungsfelder und methodische Aspekte, In: Proceedings zur MKWI in München 2008, S. 129-140. (http://ibis.in.tum.de/mkwi08/04_Business_Intelligence/02_Bensberg.pdf) Abruf am 2009-10-28.

[Blum01]

Blumhof, Holger: Das Boston-Consulting-Group-Portfolio, Ausarbeitung im Rahmen der Vorlesung "Wissenschaftliche Methodik", Fachhochschule Braunschweig-Wolfenbüttel 2001, S. 7-13. (http://isc.hs-heilbronn.de/Tools_Excel/ICV/ICV_4/boston_portfolio.pdf) Abruf am 2009-10-28.

[ChaGlu06]

Chamoni, Peter (Hrsg.)/ Gluchowski, Peter (Hrsg.): Analytische Informationssysteme: Business Intelligence -Technologien und –Anwendungen, 3. Auflage, Berlin 2006, S. 3 – 22.

[GulWehr09]

Gull, Daniel/ Wehrmann, Alexander: Optimierte Softwarelizensierung – Kombinierte Lizenztypen im Lizenzportfolio, in Wirtschaftsinformatik 4/2009, S. 324-334.

[HiKüWol06]

Hirzel, Matthias/ Kühn, Frank/ Wollman, Peter (Hrsg.): Projektportfolio-Management, 1. Auflage, Wiesbaden 2006, S.93-120.

[Hies08]

Hiestermann, Dirk: Analytisches Customer Relationship Management, Dissertation an der TU- Dortmund 2008, S. 47-143.

[KeMeUn04]

Kemper, Hans-Georg/ Mehanna, Walid/ Unger, Carsten: Business Intelligence – Grundlagen und praktische Anwendungen, Wiesbaden 2004, S. 1-5; 149-157.

[KrLöh02]

Kreisel, Constanze/ Löhr, Frank: Immobilien-Portfolio Management, Leipzig – Mainz 2002, Fachartikelreihe, Teil 2- Portfolio-Ansätze: Die Portfolio-Matrix, S. 2-6. (http://www.aareon.com/sixcms/media.php/670/teil_1_final_neu.pdf) Abruf am 2009-10-28.

[Ler08]

Lerch, Volker: Konzept einer Modellfabrik für integrierte Business Intelligence im Mittelstand, Inauguraldissertation der Universität Mannheim 2008, S. 21-31.

[Lind08]

Lindner, Mark-A.: Immobiliencontrolling durch Business Intelligence, Berlin 2008, S. 67-77; 122-149.

[Oet94]

v.Oetinger, Bolko (Hrsg.): Das Boston Consulting Group Strategie-Buch, 3. Auflage, Düsseldorf – Wien - New York – Moskau 1994, S. 88-328.

[Samt07]

Samtleben, Michael: Wirkung von Business Intelligence auf die Allokation controllingspezifischer Aufgaben, 2007, Hamburg, S. 34-41; 168-193.

[Sch05]

Schmidt, Ingo: Wettbewerbspolitik und Kartellrecht, 8. Auflage , Stuttgart 2007.

[Schel06]

Schell, Heiko: Einsatzmöglichkeiten aktueller Informations- und Kommunikationstechnologien bei der strategischen Führung von Unternehmensnetzwerken, 2006, Dissertation, Universität Essen-Duisburg, S. 212-216.

[Vet95]

Vetschera, Rudolf: Informationssysteme der Unternehmensführung, Berlin-Heidelberg, 1995, S. 17-21, 217-240.